NOTICE BIOGRAPHIQUE

SUR

LE DOCTEUR Jⁿ-PIERRE BATIGNE

PROFESSEUR AGRÉGÉ LIBRE DE LA FACULTÉ DE MÉDECINE

DE MONTPELLIER

PAR

LE DOCTEUR A^{tin} MARCELLIN

MEMBRE DE PLUSIEURS SOCIÉTÉS SAVANTES

> Quidquid *ex eo* amavimus, quidquid mirati
> sumus, manet, mansurumque est in animis
> hominum, in æternitate temporum, famâ
> rerum.
>
> Tacite, Brev. Vitæ Jullii Agricolæ.
> c. XLVI.

DIGNE

VIAL, IMPRIMEUR-LIBRAIRE

rue Capitoul, 5

1866

NOTICE BIOGRAPHIQUE

SUR

LE DOCTEUR Jⁿ-PIERRE BATIGNE

PROFESSEUR AGRÉGÉ LIBRE DE LA FACULTÉ DE MÉDECINE

DE MONTPELLIER

PAR

LE DOCTEUR Aᵗⁱⁿ MARCELLIN

MEMBRE DE PLUSIEURS SOCIÉTÉS SAVANTES

Quidquid *ex eo* amavimus, quidquid mirati
sumus, manet, mansurumque est in animis
hominum, in æternitate temporum, famâ
rerum.
Tacite. Brev. Vitæ Jullii Agricolæ.
c. XLVI.

DIGNE

VIAL, IMPRIMEUR-LIBRAIRE
rue Capitoul, 5
—
1866

A

LA FAMILLE BATIGNE

Dr A. MARCELLIN

NOTICE BIOGRAPHIQUE

Condisciple et ami intime du docteur Batigne fils,
j'ai cru que je ne pouvais mieux partager avec lui
notre douleur qu'en retraçant la carrière de son Père.
Elève particulier de ce savant Professeur, honoré
aussi de son amitié, et lié à sa personne par la reconnaissance la plus vive, j'ai pu apprécier l'activité de
son esprit, l'immensité de son instruction et de son
génie, la profondeur de ses idées et l'inépuisable bonté
de son cœur : Combien l'éloge que me dictent à la
fois une double affection et le souvenir des brillantes
qualités du célèbre Praticien serait digne de mon
héros, si pour le louer convenablement mes talents
pouvaient s'élever à la hauteur de mon zèle et égaler
le sentiment que j'éprouve de l'étendue de sa perte...

Mais pourquoi ne le dirai-je pas? Quelle que soit la médiocrité de mon esquisse nécrologique, il m'en restera des consolations que d'autres ne donnent point, parce qu'elle sera l'œuvre d'un fils. Les hommages émanés du cœur portent avec eux leur récompense. Il y a une volupté sainte dans l'accomplissement de nobles devoirs dont rien ne saurait frustrer.

Du reste, n'aurai-je fait que fournir une idée à un plus habile ouvrier que c'en serait assez pour ôter à mon cœur le regret d'avoir essayé. Quand un fils élève un modeste mausolée sur la tombe de son père, il sait bien qu'un jour cette inscription qui est l'abrégé de sa tendresse s'effacera, et que ces pierres, élevées pieusement, joncheront le sol. Peu lui importe. Il bâtit son monument de deuil, non pour jeter un défi aux ans, mais parce qu'il a besoin de le bâtir. Même si on venait lui dire qu'après leur ruine, ces débris tumulaires, recueillis dans les hautes herbes par une autre main, serviront de matériaux à un sépulcre plus beau, loin d'en être affligé, il serait reconnaissant que l'on donnât à l'expression de ses sentiments ici-bas, quelque chose de l'éternité qu'il leur consacra dans son cœur.

Jean-Pierre Batigne, naquit à Montpellier le 23 août 1790. Ce fut au Lycée de cette ville d'où sont sorties tant d'illustrations de toute nature qu'il fit ses premières études. La précocité de son intelligence, l'étonnante facilité qu'il possédait de saisir, au premier aspect, les points ardus d'une science ou de la démonstration, transformèrent ses années classiques en une série de triomphes. Le goût et l'application se liant, en lui-même, à la perfection, l'avenir du disciple fut assuré et sa sortie du collége marqua pour cet élève distingué une ère nouvelle.

L'humble profession de son père, le peu de ressources dont il pouvait disposer pour procurer une position sociale à sa famille, inspirèrent de bonne heure au jeune Batigne qu'il devait ne chercher des moyens d'existence que dans son propre travail. Son âme presque fermée aux plaisirs de la jeunesse ne trouva dès lors des charmes que dans l'étude; apprendre semblait être pour lui le seul besoin et arriver à se suffire par les jouissances de l'esprit, sa seule ambition.

L'homme *ne ferait-il que des épingles* que, comme l'a dit un écrivain du siècle, *il devrait être amoureux de son art ;* aussi Batigne fit-il vœu de consacrer au choix qu'il ferait de sa carrière, l'ardeur, la vivacité d'esprit, la fermeté de caractère et la santé dont il était doué par la nature. — Ses prévisions fermement arrêtées ne tarderont pas à s'accomplir; quelques années encore et nous verrons, dans toute la force du mot, ce pionnier de la science devenir le fils de ses œuvres.

Entraîné par ses propres inspirations et par les exhortations bienveillantes dont son ardeur pour l'étude était la source, Batigne se sentit porté vers la médecine et conçut l'idée de devenir élève de cette École dont il devait un jour augmenter la renommée. Dans la Métropole de l'art où le niveau moyen de l'intelligence est rehaussé par la tradition, où la continuité des médecins éminents n'a jamais éprouvé de lacune, où de tout temps la noblesse du cœur a égalé celle de l'esprit, l'idée de choisir la profession médicale est toute naturelle. Batigne se fit médecin.

Ses premiers pas dans les études médicales furent
autant de jalons qui firent bien augurer de son esprit
actif et investigateur et de ses succès futurs. Ses
maîtres, infatigables pour faire éclore les talents ou
réveiller le génie, en déterminer les élans et la direc-
tion, saluèrent en lui un des hommes de l'avenir. L'as-
siduité de l'élève et la confirmation des pressentiments
de ses juges firent classer Batigne à la première place
de l'École pratique d'anatomie et d'opérations de la
Faculté et l'appelèrent en 1811 à l'Internat des hôpitaux de Montpellier.

Douze ans s'écoulèrent pendant lesquels l'infatigable
travailleur, fasciné par la gloire de Cliniciens célèbres
sût fournir, par son zèle, aux labeurs du service et
aux exigences de son esprit. Interne, tour à tour, de
Broussonnet, de Delpech, de Lallemand et de Caizer-
gues, il captiva leur estime et j'ajoute, à sa louange,
leur sincère amitié.

Devenu chef interne, il sût comprendre que noblesse oblige et ne négligea rien pour faire bénéficier
ses jeunes amis dans la science des précieux détails
qu'il puisait dans sa constance au lit des malades.
Son projet de donner des leçons cliniques, justement

apprécié, lui adjoignit des élèves particuliers et des admirateurs.

Sûr de lui-même et fort de son jugement il se chargea de la première éducation médicale de ses frères qu'il voulait voir plus tard partager sa fortune et son illustration. Malheureusement, l'impitoyable destin en décida plus tard autrement, car il eut la douleur de fermer les yeux à l'un d'eux, François Xavier, devenu interne après lui, et mort martyr de la science et de son dévouement à l'humanité. Le second, Paul-Louis Batigne devint premier chirurgien-chef interne à l'Hôtel-Dieu de Marseille, membre de sa société de médecine, chirurgien de son hospice de la Maternité et mourut en septembre 1854 dans cette ville dont il était devenu une des célébrités. Sa thèse sur la ligature des vaisseaux artériels soutenue en 1825 reste dans la science comme un gage du mérite de ce médecin; comme sa mort, au milieu des cholériques, atteste en termes péremptoires qu'il fut l'esclave et la victime du devoir.

Doué d'une imagination ardente, laborieux à l'excès, érudit avec profusion, Batigne comprit donc que ce n'est qu'en enseignant qu'on peut enrichir son intelligence et acquérir la facilité d'élocution. Il devint professeur libre d'anatomie et de clinique. Possesseur d'un local propice à ses leçons, grâce à la générosité des administrateurs de l'hospice, il captiva ses nombreux auditeurs, autant par l'instruction qu'il savait si bien leur communiquer, que par la douceur de ses manières et son obligeance à recommencer une démonstration anatomique difficile à concevoir. Tour à tour, devant ses élèves, il explora sur le cadavre tous les replis de l'admirable construction humaine, interrogeant les moindres organes dans leur fonctionnement, analysant les découvertes, discutant les opinions et soumettant toutes ses impressions personnelles et les élans de son génie au flambeau d'une philosophie sévère.

Fière de ses succès et de son triomphe, l'administration de l'hospice voulut récompenser l'Anatomiste et encourager le Clinicien en prenant à sa charge tous ses frais scolaires lorsque l'élève, déjà passé maître, soutint, le 13 mars 1815, sa thèse pour le Doctorat. A cette époque, Batigne quoique si jeune encore avait successivement ajouté à ses premiers grades ceux de chirurgien chargé de la visite des officiers Espagnols prisonniers et de médecin des prisons de la citadelle.

Sa dissertation (in-4° de 55 pages) a pour titre : *De l'identité et de la non identité des virus syphilitique et gonorrhoïque*. Appuyé sur des observations puisées dans les livres ou les hôpitaux, ce travail est l'exposé fidèle de l'état de la science sur cette question, à l'époque où il est écrit. Partisan exclusif d'aucun systême sur cette matière, le Docteur Batigne pense qu'il est des gonorrhées qui tiennent au vice syphilitique et que d'autres en sont indépendantes. Dans le traitement, il opte pour le parti le plus sûr et conseille, dans l'incertitude, de juger plutôt la maladie comme syphilitique. « Il vaut mieux dit-il administrer *sagement* des « remèdes antivénériens qui ne peuvent, tout au plus « qu'êtres inutiles, que d'exposer le malade à de « grands dangers, en les négligeant (1). » Le but principal de sa thèse est de démontrer, par des exemples, combien il est difficile, soit de déterminer quand une blennorrhagie est ou n'est pas syphilitique, soit d'assigner les cas dans lesquels la gonorrhée, raisonnablement supposée vénérienne, donne l'infection générale.

(1) Page 55.

En 1825 l'agrégation fut fondée. La Faculté envieuse de voir le jeune Docteur prendre une part plus intime à sa gloire, se l'adjoignit définitivement le 15 janvier. Elle ne fut point trompée dans ses espérances lorsqu'elle apprit de la bouche même des maîtres que la parole persuasive et les talents du jeune Agrégé s'élevaient à la hauteur de la science des tituléraires dont il était devenu suppléant. Ses auditeurs ne voulurent pas rester étrangers à l'enthousiasme général ; ils lui donnèrent les témoignages les plus éclatants de leur reconnaissance pour ses enseignements, dans une lettre collective livrée par eux à la publicité.

A la fois philosophe et médecin, pour établir une bonne et heureuse méthode de philosopher, Batigne veut, à l'exemple d'Hippocrate, transporter la philosophie dans la médecine et la médecine dans la philosophie : *Oportet philosophiam transferre ad medicinam et medicinam ad philosophiam.*

Le contraste de son savoir avec son âge, celui de son ardeur avec sa modestie, le feu de ses discours, l'élégance de ses expressions, laissèrent bientôt entrevoir que l'ambition du Docteur Batigne n'était pas satisfaite. Il était en droit d'attendre plus encore parceque ses

talents avaient conquis à l'avance d'autres lauriers.
J'en appelle à vos souvenirs, honorables médecins des
diverses contrées qui avez été ses élèves et qui l'avez
si souvent applaudi ! Quelle parole plus entraînante !
quelle sévère logique !. avec quel charme il fixait vos
idées et votre jugement à l'aide de son ingénieux pro-
cédé d'enseignement mutuel ! Laissons le lui-même
faire l'éloge de son œuvre et nous montrer, comment
il créait un médecin : « Pendant onze années, je me
« suis livré, avec beaucoup de zèle, à la démonstra-
« tion de l'anatomie, dit M. Batigne dans son traité de
« pathologie méthodique (page 1), et je n'ai pas tardé
« à m'apercevoir que, de tous les procédés capables
« de faire connaître l'organisation, la zootomie était
« le meilleur, mais qu'un moyen puissamment auxi-
« liaire était *l'enseignement mutuel* que j'ai introduit
« en 1815 dans mon amphithéâtre particulier. Ce
« mode d'instruction eut un succès si avantageux,
« que mes élèves en furent comme moi surpris. Ce
« fut un an après cette tentative, qui m'avait si bien
« prospéré, que je me servis de la même méthode
« dans mes cours de pathologie médicale théorique et
« pratique. Dans ces cours, j'employais aussi une

« espèce de dialogisme oral. Je fixais l'attention de
« mes élèves, non seulement sur les préceptes médi-
« caux les plus importants, mais encore sur des his-
« toires de maladies que je soumettais à leur investi-
« gation ; je les exerçais à reconnaître les indications
« et à trouver les moyens de les remplir, tout en ayant
« égard aux contre-indications , c'est-à-dire que je
« les préparais à l'exercice de la clinique. Immédia-
« tement après le cours théorique, je séparais mes
« élèves en plusieurs séries que je conduisais succes-
« sivement, dans la journée même, au lit des malades
« de l'hôpital où j'étais employé. Là, après avoir re-
« cueilli de la bouche du sujet, l'histoire de sa mala-
« die, et après avoir fait observer aux élèves les
« principaux symptômes qu'offrait chaque individu,
« j'ouvrais, à quelques pas du lit de douleur, la con-
« férence clinique.... Ces cours m'ont valu de nom-
« breux élèves et beaucoup d'amis parmi eux. »

L'année 1826 lui fournit l'occasion de montrer la
plénitude de son savoir. Un concours pour la place
de chef des Travaux Anatomiques convia dans l'arène
de redoutables candidats. MM. Estor, Pourché et Ber-
trand dont tout médecin connaît la haute valeur scien-

tifique prirent part à la lutte. Batigne fut vainqueur.

Ses nouvelles fonctions lui imposèrent le devoir cher à ses goûts de faire un cours officiel d'anatomie. L'ancien professeur particulier ne fut pas au-dessous de sa tâche et « *sut se faire applaudir*, comme le dit M. Pe- « cholier, *dans la chaire même illustrée dc ses maî-* « *tres* » (1). Le Docteur Batigne fit ce cours pendant six années consécutives concurremment avec le célèbre Dubrueil à la succession duquel il aspirait plus tard lorsqu'il publia, en 1852, l'exposé des titres et travaux scientifiques qui l'autorisaient à s'inscrire comme candidat à la chaire d'anatomie vacante par la mort dc ce célèbre professeur.

Devenu à l'aide de ses vastes connaissances aussi habile chirurgien qu'il était fort en anatomie, Batigne joignit, dans ses leçons, les exercices à la manœuvre chirurgicale à la démonstration anatomique, prouvant ainsi à ses élèves qu'il n'y a que l'anatomiste qui soit un vrai chirurgien.

En 1852 il publia son remarquable *traité de pathologie méthodique* ou philosophique basé sur l'ex-

____

(1) Discours prononcé le 4 novembre, sur la tombe de M. Batigne.

périence (1) œuvre qui eût suffi à lui faire un nom si sa réputation n'eût été scellée déjà du cachet de la célébrité. Résumé de son enseignement clinique particulier, le Professeur affectionné dédie son livre à ses élèves et leur prouve ainsi que si la science lie le disciple à son maître, elle attache à son tour, le maître à celui qu'il instruit. Cet ouvrage où sont condensées les précieuses traditions de l'École de Montpellier, contient une exposition des Éléments morbides d'après cette École.

Dans l'étude des maladies on doit tenir compte de tout avec choix et avec méthode, dit M. J. Guérin ; aussi c'est l'exposé des lois qui la constituent et qui renferment toutes les vérités acquises que M. Batigne se propose de faire connaître dans son ouvrage. « La connaissance de l'histoire « naturelle des maladies et de la subordination des « caractères et des éléments morbides, est pour « le médecin, ce qu'est la boussole pour le navi-« gateur (2). » Sans cette connaissance, il n'y a pas

(1) In-8e en 2 volumes, Montpellier 1852.
(2) Batigne op. cit. page 44 1er volume,

de médecine possible et on ne peut instituer de méthode curative rationnelle. L'auteur lui consacre tout
d'abord un long et important Chapitre. Il parle ensuite
des prédispositions et des causes morbifiques, de
l'utilité de connaître les causes, la propagation, les
conséquences des maladies, de leur marche régulière
et irrégulière, d'où provient leur irrégularité, des
fluxions en général etc., etc. Sans être ni partisan ni
adorateur des idées de Broussais et de l'École Organi-
cienne, il utilise l'anatomie comme moyen d'investiga-
tion et comme objet d'indication pour établir le diagnostic des éléments morbides. Enfin, il consacre un
dernier chapitre au pronostic relativement à l'issue des
maladies et le fait suivre d'un recueil de sentences
d'Hippocrate. Tel est le premier volume de son œuvre.

Le second traite des indications fournies par l'état
des forces, la plethore et l'anémie. Les divers éléments,
nerveux, inflamatoire, l'éréthisme, l'orgasme, l'état
pituiteux sont décrits chacun dans un article à part.
Après avoir examiné les indications que fournissent
diverses modifications pathologiques, l'auteur termine
par une série de 27 observations cliniques dans les-
quelles le diagnostic et la description des maladies,

les indications et contre-indications qu'elles fournissent, leur traitement et leur issue, servent d'analyse et de synthèse à l'ouvrage ; couronnant ainsi, comme dans ses leçons, la théorie par la pratique. Livre instructif et solide et où l'homme se révèle tout entier dans le style, comme l'a dit Buffon.

Son traité de pathologie ne fut pas la seule production médicale dont le Docteur Batigne dota la science en 1832. Allé à Paris pour y étudier l'épidémie cholérique qui y sévissait, il fit part aux praticiens de ses impressions médicales sur cette terrible maladie dans une brochure in-8° qu'il publia le 2 mai, sous ce titre : *Lettre à un médecin de Montpellier sur les indications thérapeutiques que le choléra-morbus a présentées à Paris en avril 1832, et sur le choix des moyens qui ont été mis en usage.* Excellente monographie qui peut encore servir de guide au médecin dans le traitement d'une maladie dont la véritable méthode curative est encore un problême.

Enhardi par le succès de son enseignement clinique et de ses leçons d'anatomie, par la vogue de son livre et l'accueil que lui fit le monde médical, Batigne crut, à juste titre, qu'il ne présumait pas trop de sa science en se croyant digne des honneurs du Professorat. La mort de Dugès lui permit en 1840 de prendre part à un concours qui sera toujours un des plus glorieux épisodes de sa longue carrière médicale. Citer pour concurrents MM. les Docteurs : Andrieu, Franc, Caffort, Lafosse, Vailhé, Chrestien, Alquié, Jaumes, Bouisson, n'est-ce pas esquisser, à longs traits, l'importance de la lutte ?

Dans ce tournoi scientifique où tous les champions firent preuve d'un rare savoir, le Docteur Batigne présenta une thèse (in-8° de 163 pages) *Sur les sources d'indications dans les maladies chirurgicales.* OEuvre digne d'être traitée par un si grand maître et que Batigne élucida avec son talent habituel. Sa verve se fit admirer dans la discussion, et son travail restera dans les annales de la médecine pour prouver que le mérite du vaincu n'était guère au-dessous de celui du vainqueur. (1). Dans cet écrit au style si net et si élégant, dont le sujet touche à toutes les branches de la pathologie générale, le Docteur Batigne recherche

---

(1) Le concours se termina par la nomination de M. Bouisson, une des illustrations chirurgicales de l'École de Montpellier.

avec soin toutes les circonstances qui se rattachent à l'existence d'une maladie chirurgicale afin de la connaître et de la traiter. Il emploie pour y arriver la méthode appliquée à l'étude des sciences naturelles sans admettre toutefois qu'un principe identique gouverne les objets dont s'occupent le physicien, le chimiste et le médecin. Il tire parti de la connaissance de toutes les sciences sans que l'on puisse l'accuser, comme il le dit lui-même, de confondre ces dernières avec la médecine (1).

Avec Barthez, il veut une liaison intime entre la médecine et la chirurgie. Le chirurgien, dit-il, ne saurait se contenter d'étudier les états morbides chirurgicaux, il doit de plus grouper leur étude avec celle des états médicaux qui s'associent avec eux (2).

S'il répète avec Leibnitz que l'univers comprend l'unité dans la variété, et avec les anatomistes de l'époque, que tous les animaux sont construits sur le même modèle, le Docteur Batigne est loin de méconnaître le *quid divinum* dans certaines maladies. Pour

(1) Page 13.
(2) Page 125.

lui il se passe dans l'homme des phénomènes dont la cause échappe à notre intelligence (1) et il s'écrie volontiers avec le psalmiste : Seigneur , je ne saurais connaître ta grandeur, pénétrer ta nature, mais je ne puis m'empêcher d'étudier, d'admirer tes merveilles !

Cette thèse de concours est divisée en 2 chapitres dans lesquels l'auteur expose : 1° Les sources générales fournies par les tempéraments, les prédispositions, les diathèses, les révolutions des âges, l'hérédité, les habitudes contractées et abandonnées, et le monde extérieur ; 2° Les sources spéciales d'indications fournies par les causes externes et internes, les états morbides chirurgicaux cardinaux, isolés et concomitants.

Le récit de faits nombreux et intéressants puisés dans sa pratique particulière fortifient les principes émis par l'auteur dans sa thèse et aident à les élucider.

La palme ne vint pas cependant couronner ses efforts et le Docteur Batigne pouvant à peine suffire aux exigences d'une clientèle de plus en plus nombreuse et assidue, se retira de l'arène désormais, résolu à se consacrer tout entier à la pratique. — *Vivre pour les*

(1) page 162.

autres et non pour soi, telle est, a dit un médecin célèbre, l'essence de la profession médicale. Batigne en
fait sa devise.

Dès ce moment on ne doit plus envisager en lui que
le praticien et c'est là le côté le plus noble et le plus
saillant de sa carrière.

Confiant dans les enseignements et les doctrines
sous lesquels il s'était formé, il suit encore pas à pas
les progrès du jour. « Ce qui, à nos yeux, a fait de
« Batigne un grand praticien, dit M. Pecholier dans
« dans son discours (1), c'est l'instinct, sinon la
« conscience parfaite, de la voie que les traditions
« immortelles d'une part, que la science contemporaine
« de l'autre, en se confondant réciproquement, ouvrent
« à la médecine. Il est resté fermement attaché à cette
« doctrine que je n'appellerai pas seulement *séculaire,*
« puisqu'elle compte déjà plus de deux milliers d'an-
« nées, à ces dogmes hippocratiques, fondement iné-
« branlable de la médecine, école indestructible des
« vrais cliniciens. Mais pour appliquer la grande doc-
« trine de l'antiquité, devenue celle de Montpellier, en

(1) Montpellier médical tome XV page 559.

« ce qu'elle a d'éternellement jeune, Batigne se gardait

« de méconnaître tout ce que les progrès si admirables

« et si féconds de notre temps, et surtout tout ce que

« l'anatomie, étudiée par lui avec tant d'amour sont

« venus apporter de trésors nouveaux à la médecine

« pratique. En caractérisant qu'elles furent chez

« l'homme que nous regrettons aujourd'hui la règle

« et la philosophie de l'art médical, ajoute M. Pecho-

« lier, j'explique, je le crois, son éclatant succès

« dans la clientèle. »

La vaste science du docteur Batigne lui sert à tout secourir. Ami du pauvre et de l'infortune, il n'oublie pas à sa sortie des palais somptueux de la noblesse que le malade gémit aussi dans la mansarde. Homme de cœur, il classe parmi ses clients et avec une égale affection le pauvre et le riche, le haut personnage et le plus humble serviteur. Il soigne avec une même sollicitude celui qui le paye et celui dont les larmes seules attestent sa reconnaissance. Avec de tels sentiments le Docteur Batigne ne pût qu'être heureux de se voir choisi pour Chirurgien de l'Hospice de la Miséricorde, fonctions gratuites qu'il a exercées depuis 1825 jusqu'à sa mort, c'est-à-dire pendant 40 ans.

Là spécialement chargé des grandes opérations il continue de mettre au jour ses talents de chirurgien. Adroit à la perfection et d'un rare sangfroid, il atteignait sans peine le *citò, tutò* et *jucundè* de l'art chirurgical. Dans les opérations de chirurgie les plus laborieuses, que de fois ne m'a-t-il pas été donné de le voir, en lui servant d'aide avec son fils, faire à ses deux élèves une leçon clinique où on n'eût point présumé que son esprit dût être absorbé par la délicatesse du travail de ses mains !

Ma plume est inhabile à dépeindre son activité de praticien. Quoique méthodique dans toutes ses habitudes, pas un instant n'était à lui. Il ne prenait de repos que le temps suffisant pour prendre sa nourriture et goûter un sommeil impérieusement exigé par les fatigues de la veille et celles du lendemain. Au point du jour, sa première idée était à ses malades; soit chez eux, soit chez lui pour les consultations, il est tout à eux. C'est à peine si, en quelques mots, il peut satisfaire par écrit aux désirs de tant de médecins empressés et jaloux de le consulter pour leurs clients.

Justement vénéré comme un oracle de la science,

sa réputation s'étend peu à peu dans tout le Midi. La société académique de médecine de Marseille est fière de se l'associer par un vote unanime en 1845, et perpétue ainsi dans son sein un nom qui est pour elle le symbole du dévouement,

Gardien de la santé de presque toute une ville, l'espoir et le soutien de tant de familles, il court d'un lit à un autre, partout suivi de la renommée et du succès. Aussi, ses cures éclatantes contribuent-elles à réclamer pour lui une distinction que sa modestie n'eût su désirer. Le 15 août 1857 il reçoit le titre de chevalier de la légion d'honneur qu'il n'avait pas ambitionné, mais qu'il avait conquis.

Ami de la jeunesse laborieuse, il couvrait de son égide ses jeunes recrues dans l'art médical et n'était sobre en leur faveur, ni de sa science, ni de ses exhortations. Souvent il les entretenait de la dignité médicale et toujours il leur enseignait à envisager la médecine comme un art sublime et divin puisque ses obligations rentrent dans les lois les plus saintes de la religion et de la philanthropie.

Peu soucieux de cette politesse superficielle dont le monde se contente et qui couvre souvent tant de perfidie, la bonté du Docteur Batigne, son humanité, lui en composaient une autre plus rare et qui était toute dans son cœur. Il avait excellemment cette grandeur qui vient de l'âme et quelque chose d'antique dans toute sa manière d'être qui inspirait à la longue un profond ravissement.

Son attitude sans cesse méditative et austère, sa franchise, ses allures silencieuses et graves semblaient lui donner l'apparence de la froideur, mais quand on l'approchait de plus près, l'affabilité de ses manières, l'expansion de ses sentiments traduisaient les perfections du dedans, et on se sentait pénétré pour lui de ce respect qui n'a point été établi par les hommes, mais dont la nature s'est réservée le droit de disposer en faveur de la vertu. Je n'oublierai jamais le dernier jour hélas ! qu'il me fut donné de voir ce vénérable vieillard dans son cabinet, sanctuaire du travail, où j'allais si souvent puiser avec son fils et conseils et encouragements ! Là quand j'examinais avec une religieuse attention l'assemblage de ses traits où tout respirait la noblesse, cette chevelure blanchie par l'âge et le travail, ce front large et majestueux, cette bonté et cette finesse d'esprit peintes sur ses lèvres gracieu-

sement ondées et sur le restant de sa physionomie, il
me semblait apercevoir dans ses yeux quelque chose
d'auguste et de surhumain, et je me laissais aller à
reconnaître que chez lui, pour me servir de l'expression
d'un philosophe, *le corps était,* vraiment *l'image de
l'âme ou l'âme elle-même rendue visible !*

Telle est ce que l'on pourrait appeler la Silhouette
du cœur et de l'imposante figure de ce grand praticien.
S'il était un seul homme de ceux qui ont pu l'apprécier
qui trouvât de l'inexactitude ou de l'exagération dans
le tribut que je paye à l'illustre praticien et à sa famille,
je le plaindrais en lui disant : Prends mon âme et
sens !

La mort de son gendre M. Fabre fut en quelque
sorte le commencement du trépas du Docteur Batigne.
Une maladie longue et opiniâtre vint saper peu à peu
cette brillante existence. L'heure de goûter le repos
était venue pour lui. Entouré des soins d'un fils qu'il
laissait pour héritage à la science et qu'il établit pour
être le gardien et le continuateur de son œuvre, envi-
ronné de sa famille et nanti de tous les secours de la

religion, le Docteur Batigne s'éteignit le 2 novembre 1865 après avoir prouvé pendant près de 60 ans combien la fermeté dans le travail et l'amour de l'art poussé jusqu'à l'enthousiasme procurent au cœur de l'homme de satisfactions en ce monde. Il couronnait par une mort chrétienne une vie pleine de labeurs et de vertu.

J'ai impartialement dépeint le héros de la science ; mais toutes les dettes de mon cœur ne sont point encore acquittées. Il reste au foyer conjugal naguère si prospère et si embelli une pieuse Veuve à qui porter mes dernières doléances. Quand jadis Grégoire de Nazianze eût fait le panégyrique de son père, il se retourna, tout en pleurs, vers sa mère en s'écriant : Et à cette veuve inconsolable que dirai-je ? A mon tour je dois à la Veuve des paroles de résignation. Oh ! qu'elle puise dans le souvenir pieux des derniers moments du médecin chrétien cette force qui aide l'âme à s'élever au-dessus des amertumes de ce monde ; qu'elle goûte dans la sympathie d'une ville éplorée, dans les regrets unanimes du corps médical, dans les vertus de la Mère de ces nouveaux anges dont le ciel l'a dotée, dans les consolations de l'amitié de toute sa famille, dans l'appui d'un fils doublement adoré, puisqu'elle reconnaît en lui, avec son sang, l'esprit et le dévouement du père, qu'elle goûte, dis-je, le bonheur d'admirer celui qu'elle a beaucoup aimé. Comme celui dont parle l'Ecriture-Sainte, son *David est mort, dans une bonne vieillesse, comblé de gloire, d'années et de biens*, et il laisse à sa place *un autre Salomon*. Pleurant sur le premier, je puis encore le contempler avec elle dans le second, et cette douce idée calme la tristesse du deuil de l'Epouse et de l'élève.

DIGNE. — VIAL, IMPRIMEUR-LIBRAIRE, RUE CAPITOUL, 5.